SEP   2016

A TRIBUTE

LUCHA

UN PROYECTO DE

LUCHA UNDERGROUND
AAA LUCHA LIBRE
PAOLA GONZALEZ VARGAS

RO446304399

FOTOGRAFO

ANDREAS NEUMANN

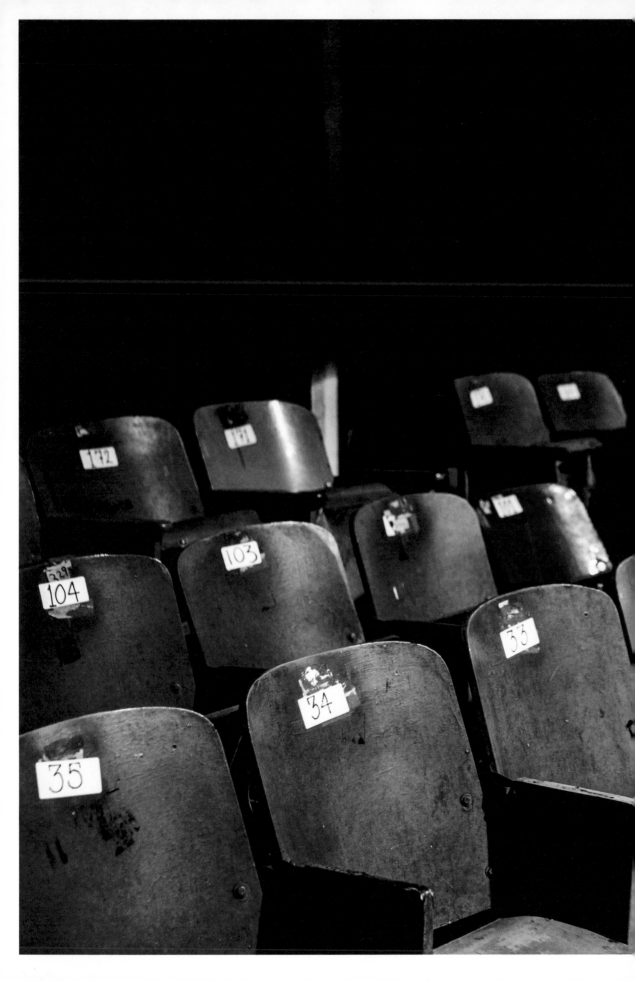

010 - 011

REY MYSTERIO

San Diego, CA

012 - 013

MYZTEZIZ

Capilla de la Hacienda La
Gavia, Edo. de México

014 - 015

MYZTEZIZ

Capilla de la Hacienda La
Gavia, Edo. de México

016 - 017

CANEK

Hotel Downtown,
México, D.F.

018 - 019

CANEK

Hotel Downtown,
México, D.F.

020 - 021

SEXY STAR

Hotel Boca Chica,
Acapulco, Gro.

022 - 023

VILLANO IV

Hotel Boca Chica,
Acapulco, Gro.

024

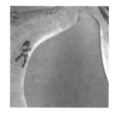

SEXY STAR

Hotel Boca Chica,
Acapulco, Gro.

025

VILLANO IV

Hotel Boca Chica,
Acapulco, Gro.

026 - 027

VILLANO IV

Hotel Boca Chica,
Acapulco, Gro.

028 - 029

VILLANO IV

Hotel Boca Chica,
Acapulco, Gro.

030 - 031

VILLANO IV

Hotel Boca Chica,
Acapulco, Gro.

032 · 033

**MASCARITA
SAGRADA**

Hacienda La Gavia,
Edo. de México

035

**MASCARITA
SAGRADA**

Hacienda La Gavia,
Edo. de México

036 · 037

**MASCARITA
SAGRADA**

Hacienda La Gavia

039

**MASCARITA
SAGRADA**

Lucha Underground,
Boyle Heights, LA

040 · 041

PSYCHO CLOWN

Salón de fiestas
ChuChuWa,
Coyoacán, México, D.F.

042 · 043

PSYCHO CLOWN

Salón de fiestas
ChuChuWa,
Coyoacán, México, D.F.

044 · 045

MYZTEZIZ

Gimnasio Kid Azteca,
Tepito, México, D.F.

046 · 047

MYZTEZIZ

Gimnasio Kid Azteca,
Tepito, México, D.F.

048

MYZTEZIZ

Gimnasio Kid Azteca,
Tepito, México, D.F.

097

MYZTEZIZ

Gimnasio Kid Azteca,
Tepito, México, D.F.

098 · 099

-

Barrio de Tepito,
México, D.F.

101

MYZTEZIZ

Gimnasio Kid Azteca,
Tepito, México, D.F.

102 - 103

MYZTEZIZ

Gimnasio Kid Azteca,
Tepito, México, D.F.

104 - 105

MYZTEZIZ

Gimnasio Kid Azteca,
Tepito, México, D.F.

106 - 107

-

Casa de Cibernético,
Teotihuacán

108

CIBERNÉTICO

Teotihuacán,
Edo. de México

110 - 111

PIMPINELA
ESCARLATA

Teotihuacán,
Edo. de México

112 - 113

PIMPINELA
ESCARLATA

Teotihuacán,
Edo. de México

115

LA PARKA

Teotihuacán,
Edo. de México

116 - 117

LA PARKA

Teotihuacán,
Edo. de México

118 - 119

MASCARITA
SAGRADA

Rancho La Laja,
Tequisquiapan, Qro.

120 - 121

MASCARITA
SAGRADA

Rancho La Laja,
Tequisquiapan, Qro.

122 - 123

MASCARITA
SAGRADA

Rancho La Laja,
Tequisquiapan, Qro.

124 - 125

MASCARITA SAGRADA

Rancho La Laja,
Tequisquiapan, Qro.

126 - 127

MASCARITA SAGRADA

Rancho La Laja,
Tequisquiapan, Qro.

128 - 129

REY MYSTERIO

San Diego, CA

130 - 131

REY MYSTERIO

San Diego, CA

132 - 133

ELECTRO SHOCK

Coyoacán, México, D.F.

134 - 135

REY MYSTERIO

San Diego, CA

136 - 137

CIBERNÉTICO

D.F. Tatuajes,
Coyoacán, México, D.F.

139

ELECTRO SHOCK

Carnicería Narem,
Naucalpan,
Edo. de México

140 - 141

ELECTRO SHOCK

Carnicería Narem,
Edo. de México

142 - 143

ELECTRO SHOCK

Carnicería Narem,
Naucalpan,
Edo. de México

144

**EL FANTASMA
Y EL HIJO
DEL FANTASMA**

Arena San Juan,
Pantitlán, México, D.F.

153

CANEK

Hotel Downtown,
México, D.F.

154 - 155

**EL FANTASMA
Y EL HIJO
DEL FANTASMA**

Arena San Juan,
Pantitlán, México, D.F.

156 - 157

**EL HIJO
DEL FANTASMA**

Arena San Juan,
Pantitlán, México, D.F.

158 - 159

**EL FANTASMA
Y EL HIJO
DEL FANTASMA**

Arena San Juan,
Pantitlán, México, D.F.

159

**EL HIJO
DEL FANTASMA**

Arena San Juan,
Pantitlán, México, D.F.

160

**EL HIJO
DEL FANTASMA**

Arena San Juan,
Pantitlán, México, D.F.

161

EL FANTASMA

Arena San Juan,
Pantitlán, México, D.F.

162 - 163

**EL FANTASMA
Y EL HIJO
DEL FANTASMA**

Arena San Juan,
Pantitlán, México, D.F.

164 - 165

**EL FANTASMA
Y EL HIJO
DEL FANTASMA**

Arena San Juan,
Pantitlán, México, D.F.

166

EL FANTASMA

Arena San Juan,
Pantitlán, México, D.F.

167

**EL HIJO
DEL FANTASMA**

Arena San Juan,
Pantitlán, México, D.F.

168 - 169

EL HIJO
DEL FANTASMA

Arena San Juan,
Pantitlán, México, D.F.

170 - 171

EL HIJO
DEL FANTASMA

Arena San Juan,
Pantitlán, México, D.F.

172 - 173

EL HIJO
DEL FANTASMA

Arena San Juan

174 - 175

PENTAGÓN JR.
VS. MYZTEZIZ

Gimnasio Juan de la
Barrera, México, D.F.

175

EL HIJO
DEL FANTASMA

Arena San Juan,
Pantitlán, México, D.F.

176 - 177

EL FANTASMA
Y EL HIJO
DEL FANTASMA

Arena San Juan,
Pantitlán, México, D.F.

178 - 179

EL HIJO
DEL FANTASMA

Arena San Juan,
Pantitlán, México, D.F.

180

-

Gimnasio Juan de la
Barrera, México, D.F.

181

ANDRÉS
MAROÑAS

Gimnasio Juan de la
Barrera, México, D.F.

182

PSYCHO CLOWN

Salón de fiestas
ChuChuWa,
Coyoacán, México, D.F.

183

FÉNIX

Gimnasio Juan de la
Barrera, México, D.F.

184 - 185

MYZTEZIZ VS.
PENTAGÓN JR.

Gimnasio Juan de la
Barrera, México, D.F.

186

**PSYCHO CLOWN
Y MYZTEZIZ VS.
PENTAGÓN JR.**

Gimnasio Juan de la
Barrera, México, D.F.

187

**PSYCHO CLOWN
Y FANS**

Gimnasio Juan de la
Barrera, México, D.F.

188 - 189

**DORIAN
ROLDÁN PEÑA**

Backstage Gimnasio
Juan de la Barrera,
México, D.F.

190 - 191

**PENTAGÓN JR.
VS. FÉNIX**

Gimnasio Juan de la
Barrera, México, D.F.

192 - 193

**PENTAGÓN JR.
VS. FÉNIX**

Gimnasio Juan de la
Barrera, México, D.F.

194 - 195

MYZTEZIZ

Gimnasio Juan de la
Barrera, México, D.F.

196 - 197

**MYZTEZIZ
VS. FÉNIX**

Gimnasio Juan de la
Barrera, México, D.F.

198

**SEXY STAR
VS. IVELISSE
VÉLEZ**

Gimnasio Juan de la
Barrera, México, D.F.

199

SEXY STAR

Gimnasio Juan de la
Barrera, México, D.F.

200 - 201

REY MYSTERIO

San Diego, CA

202 - 203

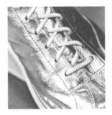

BOTA DE CANEK

Hotel Downtown,
México, D.F.

204 - 205

**DRAGO
Y MASCARITA
SAGRADA**

Lucha Underground,
Boyle Heights, LA

207

MASCARITA SAGRADA

Lucha Underground,
Boyle Heights, LA

208 - 209

**DRAGO
Y MASCARITA
SAGRADA**

Lucha Underground,
Boyle Heights, LA

210 - 211

**MASCARITA
SAGRADA**

Lucha Underground,
Boyle Heights, LA

212 - 213

MASCARITA SAGRADA

Lucha Underground,
Boyle Heights, LA

215

**DRAGO
Y MASCARITA
SAGRADA**

Lucha Underground,
Boyle Heights, LA

216 - 217

**DRAGO
Y MASCARITA
SAGRADA**

Lucha Underground,
Boyle Heights, LA

218 - 219

**DRAGO
Y MASCARITA
SAGRADA**

Lucha Underground,
Boyle Heights, LA

220 - 221

BLUE DEMON JR.

Hotel Downtown,
México, D.F.

223

BLUE DEMON JR.

Hotel Downtown,
México, D.F.

225

BLUE DEMON JR.

Hotel Downtown,
México, D.F.

226 - 227

BLUE DEMON JR.

Hotel Downtown,
México, D.F.

229

BLUE DEMON JR.

Hotel Downtown,
México, D.F.

230 - 231

BLUE DEMON JR.

Hotel Downtown,
México, D.F.

242 - 243

EL TEXANO JR.

Hacienda La Gavia,
Edo. de México

248 - 249

**EL PATRÓN
ALBERTO**

Catedral Metropolitana,
México, D.F.

255

SEXY STAR

Lucha Underground,
Boyle Heights, LA

232

**EL HIJO
DEL FANTASMA**

Arena San Juan,
Pantitlán, México, D.F.

244 - 245

EL TEXANO JR.

Hacienda La Gavia,
Edo. de México

250 - 251

MIL MUERTES

Lucha Underground,
Boyle Heights, LA

256

SEXY STAR

Lucha Underground,
Boyle Heights, LA

241

EL TEXANO JR.

Hacienda La Gavia,
Edo. de México

246 - 247

EL TEXANO JR.

Hacienda La Gavia,
Edo. de México

252 - 253

SEXY STAR

Lucha Underground,
Boyle Heights, LA

258 - 259

REY MYSTERIO

San Diego, CA

260 - 261

REY MYSTERIO

San Diego, CA

262 - 263

PRINCE PUMA

Lucha Underground,
Boyle Heights, LA

264 - 265

PRINCE PUMA

Lucha Underground,
Boyle Heights, LA

266 - 267

ELECTRO SHOCK

Naucalpan de Juárez,
Edo. de México

268 - 269

PRINCE PUMA

Lucha Underground,
Boyle Heights, LA

270 - 271

FÉNIX

Gimnasio Contreras,
Ecatepec, Edo. de México

272 - 273

FÉNIX VS.
PENTAGÓN JR.

Gimnasio Contreras,
Ecatepec, Edo. de México

274

FÉNIX
Y PENTAGÓN JR.

Gimnasio Contreras
Ecatepec, Edo. de México

276 - 277

FÉNIX

Gimnasio Contreras,
Ecatepec, Edo. de México

278 - 279

PENTAGÓN JR.
Y BLACK
SHADOW JR.

Gimnasio Contreras,
Ecatepec, Edo. de México

280 - 281

FÉNIX

Gimnasio Contreras,
Ecatepec, Edo. de México

282 - 283

**PENTAGÓN JR.
Y FÉNIX**

Gimnasio Contreras,
Ecatepec, Edo. de México

284 - 285

PENTAGÓN JR.

Gimnasio Contreras,
Ecatepec, Edo. de México

286 - 287

**PENTAGÓN JR.
E HIJAS**

Ecatepec, Edo. de México

288

-

Arena San Juan,
Pantitlán, México D.F.

337

-

Arena San Juan,
Pantitlán, México, D.F.

339

CANEK

Hotel Downtown,
México, D.F.

340 - 341

VILLANO IV

Hotel Boca Chica,
Acapulco, Gro.

342 - 343

CANEK

Hotel Downtown,
México D.F.

344 - 345

CANEK

Hotel Downtown,
México, D.F.

346 - 347

EL APACHE

México, D.F.

349

EL APACHE

México, D.F.

350 - 351

FABY APACHE

Parque Masayoshi Ohira
México, D.F.

352 - 353

EL APACHE

México, D.F.

354 - 355

DR. WAGNER JR.

Bosque de Chapultepec,
México, D.F.

356 - 357

DR. WAGNER JR.

Bosque de Chapultepec,
México, D.F.

359

DR. WAGNER JR.

Bosque de Chapultepec,
México, D.F.

360 - 361

MYZTEZIZ

Gimnasio Juan de
la Barrera, México, D.F.

362 - 363

**MYZTEZIZ
Y FÉNIX**

Gimnasio Juan de
la Barrera, México, D.F.

364 - 365

MYZTEZIZ

Gimnasio Juan de
la Barrera, México, D.F.

366 - 367

-

Arena San Juan,
Pantitlán, México, D.F.

AGRADECIMIENTOS

Miguel Alemán Magnani
Verena Bartzik
Mark Burnett
María Campuzano
Marta Cutler
Vanessa Eckstein
Gastón Esquivel Santos
Jorge Flores Torres
John Fogelman
Guadalupe Fragoso García
Alex García
Diana Goldberg
Porfirio González Álvarez
Pablo González Carbonell
Carla González Vargas
Mónica Herrera Betancourt
Risto Lahdesmaki
Rodrigo Lebois Mateos
José Luis Méndez
Moisés Micha Smeke
Alejandro Montes Ambriz
Emma Karin Neumann
Khadija Emma Neumann
Khadija Neumann Donatelli
Russia Mea Neumann
Cristina Patwa
Laura Paz
Marisela Peña Herrada
Fernando Pérez Gavilán
Diego Quintana Kawage
José Luis Ramírez Magnani

Robert Rodríguez
Joaquín R. Roldán Retana
Joaquín Roldán Sánchez
Maca Rotter Alday
Ángel Sidarta Ortega
Miguel Torruco Garza
Rodrigo Vargas
Gerardo Varela
El Villano IV
-
AG Studios
Catedral Metropolitana
Cuesta Llaca &
Esquivel Abogados
D.F. Tatuajes
Distribuidora
de Carnes Narem
Factory Made
Gimnasio Contreras
Gimnasio Kid Azteca
Grupo Habita
Hotel Zócalo Central
Lucha Libre AAA
Promociones Antonio
Peña, S.A. de C.V
Salón de Fiestas
ChuChuWa
Siouxx Inc. Hollywood
-
Nuestros patrocinadores:
Interjet, Unifin

IN MEMORIAM, ANTONIO PEÑA

EDITORA: Paola González Vargas / **FOTOGRAFÍA:** Andreas Neumann / **CONCEPTO:** Antonio Cue, Dorian Roldán
DISEÑO: Blok Design, blokdesign.com, disinfo@blokdesign.com / **IMPRESIÓN:** Artes Gráficas Palermo, Madrid

---

PRODUCCIÓN / COORDINACIÓN: Ricardo González Duprat, Paola González Vargas / **EQUIPO DE PRODUCCIÓN:**
Aldar Douglas Aguilar, Jesús Espinoza Paredes, Carlos Galeana, Ángel Larrieta, Beatriz Adriana López, Enrique López,
María del Carmen López Navarrete, Javier Mejía Álvarez, Roberto Orta, Ángel Sidarta Ortega / **ENTREVISTAS A**
LUCHADORES: Paola González Vargas / **TRANSCRIPCIÓN Y REDACCIÓN DE ENTREVISTAS:** Carlos Muñozcano
TRADUCCIÓN DE TEXTOS A INGLÉS: Lisa Heller, Harry Porter, Alison Stewart / **CORRECCIÓN DE TEXTOS EN**
INGLÉS: Lisa Heller / **BODY PAINT:** Óscar García / **RETOQUE DIGITAL:** Idean Inc, Jake Parrish, David Reyes

---

©Lucha Libre AAA, LLC, prohibida la reproducción total o parcial de este libro sin autorización escrita de Lucha Libre AAA, LLC
ISBN: 978-607-9252-12-0

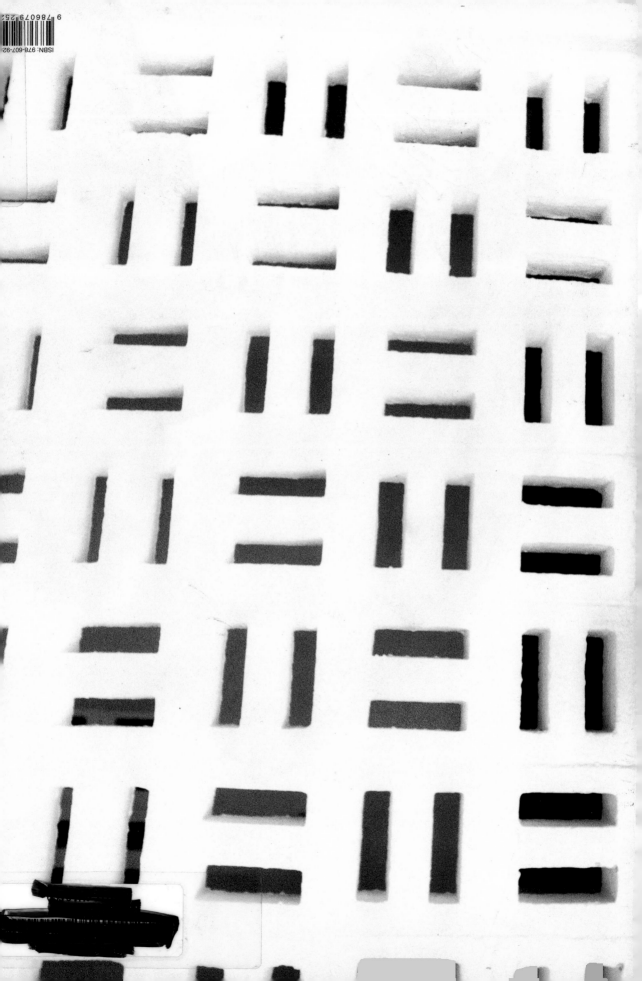

ISBN: 978-607-92